This book belongs to:
Este libro pertenece a:

_____

Date: Fecha:

_____

To my loving daughter, the source of my inspiration - D.J.

For Laura, my favorite first child - C.S.

Publisher's Cataloging-in-Publication
(Provided by Quality Books, Inc.)

Jeffers, Dawn
    Vegetable dreams / author, Dawn Jeffers ;
illustrator, Claude Schneider. —1st ed.
    p. cm
    SUMMARY: A vegetable garden becomes the unlikely
place where friendship, belief in one's dreams and much
more than vegetables grow.
    LCCN 2001093522
    ISBN 0-9701107-5-8

    1. Vegetable gardening--Juvenile fiction. 2.
Friendship--Juvenile fiction. [1. Vegetable gardening--
Fiction. 2. Friendship--Fiction. 3. Gardening--
Fiction.] I. Schneider, Claude, 1932-- II. Title.

PZ.J385Veg 2001   [E]
                QB101-201123

Spanish translation by Creative Marketing of Green Bay, LLC

This book is printed with soy inks on recycled paper.
Printed and manufactured in the United States of America
10 9 8 7 6 5 4 3 2 1

first edition

Vegetable Dreams

Story by / Escrito por
Dawn Jeffers

Illustrated by / Ilustrado por
Claude Schneider

Sueño de Verduras

"What a dream!" thought Erin as she sprang out of bed.

She ran downstairs where her mother and father were eating breakfast. She couldn't wait to tell them about her garden dream.

"¡Que sueño!" pensó Erin mientras hacía su cama.

Ella bajó corriendo las escaleras donde su papá y mamá desayunaban. No podía esperar para contarles de su sueño de vegetales.

"My garden was beautiful," she said. "There were huge red tomatoes full of seeds and juice. The corn that I planted for the two of you was as tall as the house. And I had yummy carrots just for me. Please, I just have to have a garden this summer!"

She could see they were not convinced. Father said, "Honey you are too young to have a garden. Gardens need attention every day. It takes a lot of work."

"Your father is right, dear," said Mother. "We're too busy this summer to help you and you can't take care of a garden all by yourself."

"Mi jardín era precioso", dijo Erin. "Habían enormes tomates rojos llenos de semillas y jugo. Los elotes que planté para ustedes eran tan grandes como la casa y yo tenía deliciosas zanahorias sólo para mí. Por favor, déjenme tener un jardín este verano".

Ella pudo ver que sus padres no estaban convencidos.
Papá dijo, "Mi amor eres muy pequeña para tener un jardín. Los jardines necesitan atención diaria. Llevan mucho trabajo".

"Tu padre tiene razón, cariño", dijo mamá. "Nosotros estamos muy ocupados este verano para ayudarte y tu sóla no puedes cuidar un jardín".

Erin was so disappointed. She had hoped her parents would be excited about her garden. She went outside and sat on the swing in the backyard. Tears ran down her face.

Erin estaba muy triste. A Erin le hubiera gustado que sus padres se emocionaran por su jardín. Ella salió y se sentó en un columpio del patio. Las lágrimas caían sobre sus mejillas.

The neighbor next door, Mr. Martinez, was sitting in his backyard on a three-legged stool. He had lived in the house next door for as long as she could remember. He was old and walked with a cane, but she would see him outside everyday. They would say hello to each other, but Erin was always too busy riding her bike or playing with friends to visit very much. Today for some reason, it was different.

"What's wrong, Erin?" Mr. Martinez said. In a soft voice she spoke of her garden dream. Though she had never had a garden before she knew this was something she wanted to do. As she spoke, she began to smile. Mr. Martinez smiled too.

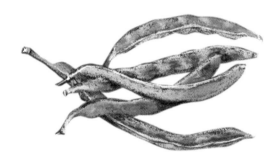

El vecino de al lado, el señor Martinez, estaba sentado en su patio sobre un banco. Él había vivido en la casa de al lado desde que ella recuerda. Él era viejo y caminaba con un bastón, pero ella lo veía afuera todos los días. Ellos se saludaban, pero Erin siempre estaba muy ocupada montando su bicicleta o jugando con sus amigos. Hoy por alguna razón, era diferente.

"¿Qué pasa, Erin?" dijo el señor Martinez. En una voz suave ella le contó sobre su sueño del jardín. Incluso cuando ella nunca había tenido un jardín, ella sabía que ésto era algo que quería hacer. Mientras hablaba, ella comenzó a sonreír.
El señor Martinez también sonrió.

Then he said to her, "If your parents agree, I will give you part of my garden to plant your vegetables. You will be responsible for their care. In return, you will help me with my part of the garden. I am old and could use the help. I will teach you all that I know, but you must do the work."

Erin was thrilled. She nodded to him and ran off to ask her parents.

Mr. Martinez sat alone in his backyard. He thought about when he was a boy and recalled the year he planted his first garden with his grandfather. He had forgotten how he loved to garden. "A garden would be wonderful for me too," he thought.

Entonces él le dijo, "Si tus padres están de acuerdo, te voy a dar una parte de mi jardín para plantar tus verduras. Tu serás responsable de cuidarlo. Y en recompensa, me ayudarás con mi parte de jardín. Yo ya estoy muy viejo y podría necesitar tu ayuda. Yo te enseñaré todo lo que necesitas saber, pero tendrás que hacer el trabajo".

Erin estaba muy emocionada. Ella aceptó y corrió a decirle a sus padres.

El señor Martinez se sentaba sólo en su patio. Él se acordaba de cuando era niño y recordó el año que él sembró su primer jardín junto con su abuelo. Él había olvidado lo mucho que le gustaba sembrar. "Un jardín sería maravilloso también para mí", pensó él.

12

Erin's parents agreed to the garden. What vegetables would they grow? Erin loved carrots. So this would be the first thing to plant. Mr. Martinez insisted on tomatoes, so these would have to be included. Her parents wanted corn. They added beans, peas, cucumbers and beets to their garden plans.

Los padres de Erin estuvieron de acuerdo con el jardín. ¿Qué vegetales iban a sembrar? Erin amaba las zanahorias. Así que éste sería lo primero que se plantaría. El señor Martinez insistía en los tomates, así que éstos tendrían que ser incluídos. Sus padres querían elotes. Ellos agregaron frijoles, chícharos, pepinos y remolachas para el jardín.

Together they tilled the soil and prepared it for planting. They went to the store and bought seeds. She watched Mr. Martinez plant each vegetable seed. She watered each one carefully. They marked each row to tell what they had planted.

Juntos cultivaron la tierra y la prepararon para plantar. Ellos fueron al almacén y compraron semillas. Ella veía al señor Martinez plantar cada una de las semillas. Ella las regaba con mucho cuidado. Ellos marcaban cada fila para saber lo que habían plantado.

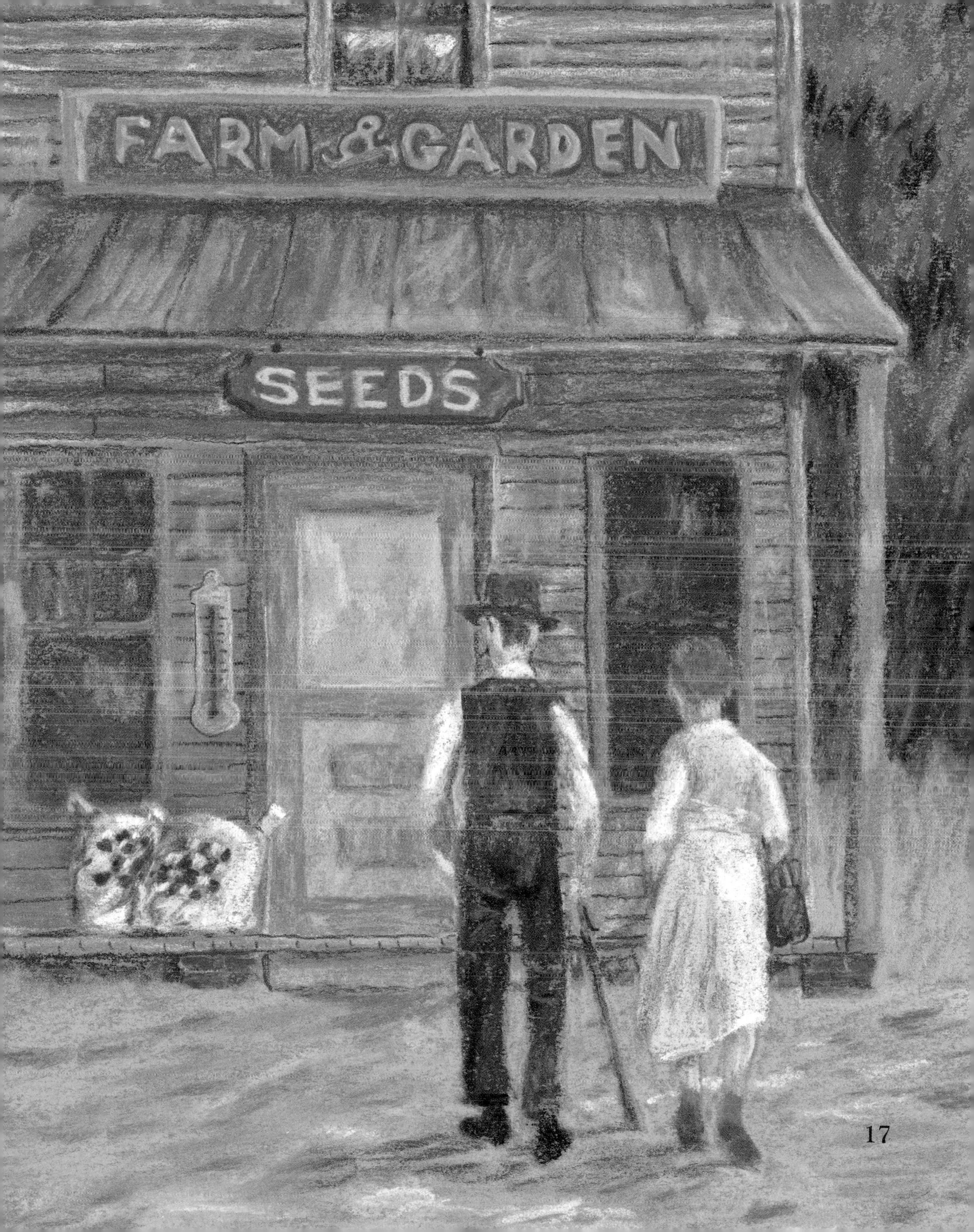
FARM & GARDEN
SEEDS

Each morning at nine the two gardeners would meet.
Erin enjoyed the feel of the soil as she weeded and watered.
Mr. Martinez enjoyed helping his young student learn about plants. When they were done with the work for the day they would sit on the three-legged stools and drink lemonade together. Erin would talk about school and her family.
Mr. Martinez talked about his life on a farm as a boy and about his many gardens over the years.

Cada mañana a las nueve los dos jardineros se reunirían.
Erin disfrutaba mientras deshierbaba y regaba la tierra.
El señor Martinez disfrutaba ayudando a su pequeña estudiante a aprender sobre plantas. Cuando acababan con su trabajo del día, se sentaban en el banco y tomaban limonada. Erin hablaba sobre su escuela y su familia. El señor Martinez hablaba sobre su niñez en la granja y sobre sus tantos jardines al paso de los años.

By mid-summer the plants were strong and healthy. She was happy to work the garden and see the plants grow, but her talks with Mr. Martinez were even more important. They laughed together and told silly stories about vegetable-eating dragons.

Weeks went by and finally the vegetables were ready to be picked.

A medio verano las plantas eran fuertes y saludables. Ella estaba muy contenta de trabajar en el jardín y las plantas crecían, pero sus pláticas con el señor Martinez eran mucho más interesantes. Ellos reían juntos y contaban historias sobre los dragones come verduras.

Las semanas pasaron y finalmente los vegetales ya estaban listos para cosecharse.

Mr. Martinez picked the tomatoes first. "One for me, one for
the basket," he said. Then he picked the biggest one and ate it
just like an apple. The juice dripped down his chin.
He smiled and wiped off the juice with his shirtsleeve.
Erin always giggled.

El señor Martinez primero cosechó los tomates. "Uno para mí,
uno para la canasta", decía él. Luego cosechó el más grande y
se lo comió como si fuera una manzana. El jugo caía por su
barba. Él sonrió y se limpió con la manga de su camisa.
Erin siempre reía.

Erin picked the carrots each day. She knew just how to pull them so they would almost burst out of the ground. She cleaned them off with water from the garden hose and ate them right in the garden. "These are as sweet as candy," she said.

Erin cosechaba zanahorias todos los días. Ella sabía como sacarlas para que salgan sin problema. Ella las limpiaba con agua del jardín y las comía ahí mismo. "Son tan dulces como el azúcar", decía Erin.

They picked the other vegetables that were ready and placed them in baskets. Mr. Martinez put most of the extra tomatoes in glass jars that were sealed on top so he could enjoy them all year. Erin's mother made pickles from the cucumbers so that Erin could have a taste of her garden whenever she liked.

Ellos cosechaban otros vegetales que estaban listos y los ponían en canastas. El señor Martinez ponía los tomates extras en jarras de cristal selladas para mantener los vegetales durante todo el año. La mamá de Erin hacía pepinillos con los pepinos, para que Erin pudiera tener el sabor de su jardín cuando ella quisiera.

With all of the vegetables picked, the plants were bare. The only colors that remained were the brown and green from the dying stalks and stems. The gardeners sat on the three-legged stools one last time to drink lemonade together.

Con todos los vegetales cosechados, las matas quedaban limpias. Los únicos colores que quedaban era el café y verde de las estacas y troncos muertos. Los jardineros se sentaron en el banco por última ocasión para tomar limonada juntos.

"Life is full of surprises," she thought. Erin now realized that
her vegetable dream wasn't really about the vegetables at all.
Instead, her dream was about the joy in learning new things
and the magic of friendship found in the garden.

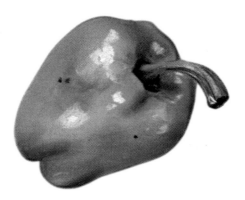

"La vida está llena de sorpresas", ella pensó. Erin se dió cuenta
que su sueño no era sobre los vegetales. En vez, su sueño era el
disfrute de aprender cosas nuevas y la magia de la amistad
hallada en el jardín.

The End.

El Final.